JUSTICES DE PAIX

COMPÉTENCE, ORGANISATION

LOIS

DES 12 ET 13 JUILLET 1905

PARIS

LIBRAIRIE CHEVALIER ET RIVIÈRE

30, RUE JACOB (VIᵉ)

1905

LOI

DU 12 JUILLET 1905

*Concernant : 1° la compétence des juges de paix ;
2° la réorganisation des justices de paix.*

Le Sénat et la Chambre des députés ont adopté,
Le Président de la République promulgue la
loi dont la teneur suit :

TITRE Ier

DE LA COMPÉTENCE CIVILE DES JUGES DE PAIX

Art. 1er. — Les juges de paix connaissent, en
matière civile, de toutes actions purement person-
nelles ou mobilières en dernier ressort jusqu'à la
valeur de trois cents francs (300 fr.), et à charge
d'appel jusqu'à la valeur de six cents francs
(600 fr.).

Art. 2. — Les juges de paix prononcent sans
appel jusqu'à la valeur de trois cents francs
(300 fr.), et à charge d'appel jusqu'au taux de la
compétence en dernier ressort des tribunaux de
première instance, sur les contestations :

1° Entre les hôteliers, aubergistes ou logeurs et
les voyageurs ou locataires en garni, leurs répon-

dants ou caution, pour dépense d'hôtellerie et perte ou avarie d'effets déposés dans l'auberge ou dans l'hôtel ;

2° Entre les voyageurs et les entrepreneurs de transports par terre ou par eau, les voituriers ou bateliers, pour retards, frais de route et perte ou avarie d'effets accompagnant les voyageurs ;

3° Entre les voyageurs et les carrossiers ou autres ouvriers, pour fournitures, salaires et réparations faites aux voitures et autres véhicules de voyage ;

4° Sur les contestations à l'occasion des correspondances et objets recommandés et des envois de valeur déclarée, grevés ou non de remboursement.

Dans le cas du paragraphe 4, la demande pourra être portée soit devant le juge de paix du domicile de l'expéditeur, soit devant le juge de paix du domicile du destinataire, au choix de la partie la plus diligente.

Art. 3. — Les juges de paix connaissent sans appel jusqu'à la valeur de trois cents francs (300 fr.), et à charge d'appel à quelque valeur que la demande puisse s'élever :

Des actions en payement de loyers ou fermages ;

Des congés ;

Des demandes en résiliation de baux fondées soit sur le défaut de payement des loyers ou fermages, soit sur l'insuffisance des meubles garnissant la maison, ou de bestiaux et ustensiles nécessaires à l'exploitation d'après les articles 1752 et 1766 du code civil, soit enfin sur la destruction de la totalité de la chose louée, prévue par l'article 1722 du code civil ;

Des expulsions de lieux ;

Des demandes en validité et en nullité ou mainlevée de saisies-gageries pratiquées en vertu des

.articles 819 et 820 du code de procédure civile, ou de saisies-revendications portant sur des meubles déplacés sans le consentement du propriétaire, dans les cas prévus aux articles 2102, paragraphe 1ᵉʳ du code civil et 819 du code de procédure civile, à moins que, dans ce dernier cas, il n'y ait contestation de la part d'un tiers.

Le tout lorsque les locations verbales ou écrites n'excèdent pas annuellement 600 francs (600 fr.).

Si le prix principal du bail se compose en totalité ou en partie de denrées ou prestations en nature appréciables d'après les mercuriales, l'évaluation en sera faite sur les mercuriales du jour de l'échéance, lorsqu'il s'agira du payement des fermages ; dans tous les autres cas, elle aura lieu suivant les mercuriales du mois qui aura précédé la demande.

S'il comprend des prestations non appréciables d'après les mercuriales, ou s'il s'agit de baux à colons partiaires, le juge de paix déterminera la compétence en prenant pour base du revenu de la propriété le principal de la contribution foncière de l'année courante multiplié par cinq.

Art. 4. — Les juges de paix connaissent sans appel jusqu'à la valeur de trois cents francs (300 fr.), et à charge d'appel à quelque chiffre que la demande puisse s'élever :

Des réparations locatives des maisons ou fermes ;

Des indemnités réclamées par le locataire ou fermier pour non-jouissance provenant du fait du bailleur lorsque le droit à une indemnité n'est pas contesté ;

Des dégradations et pertes dans les cas prévus par les articles 1732 et 1735 du code civil.

Néanmoins, le juge de paix ne connaît des pertes causées par incendie ou inondation que dans les limites posées par l'article 1er de la présente loi.

Art. 5. — Les juges de paix connaissent également sans appel jusqu'à la valeur de trois cents francs (300 fr.), et à charge d'appel à quelque valeur que la demande puisse s'élever :

1º Des contestations relatives aux engagements respectifs des gens de travail au jour, au mois et à l'année, et de ceux qui les emploient ; des maîtres, domestiques ou gens de service à gages ; des maîtres ou patrons et de leurs ouvriers ou apprentis, sans néanmoins qu'il soit dérogé aux lois et règlements relatifs soit à la juridiction commerciale, soit à celle des prud'hommes, soit au contrat d'apprentissage ni aux lois sur les accidents du travail ;

2º Des contestations relatives au payement des nourrices.

Art. 6. — Les juges de paix connaissent encore, sans appel, jusqu'à la valeur de trois cents francs (300 fr.), et à charge d'appel à quelque valeur que la demande puisse s'élever :

1º Des actions pour dommages faits aux champs, fruits et récoltes, soit par l'homme, soit par les animaux, dans les conditions prévues par les articles 1382 et 1385 du code civil ;

2º Des actions relatives à l'élagage des arbres ou haies et au curage soit des fossés, soit des canaux servant à l'irrigation des propriétés ou au mouvement des usines lorsque les droits de propriété ou de servitude ne sont pas contestés ;

3º Des actions civiles pour diffamations ou pour injures publiques ou non publiques, qu'elles soient verbales ou par écrit, autrement que par la voie de la presse ; des mêmes actions pour rixes ou voies de fait, le tout lorsque les parties ne se sont pas pourvues par la voie criminelle ;

4° De toutes demandes relatives aux vices rédhibitoires dans les cas prévus par la loi du 2 août 1884, soit que les animaux qui en sont l'objet aient été vendus, soit qu'ils aient été échangés, soit qu'ils aient été acquis par tout autre mode de transmission ;

5° Des contestations entre les compagnies ou administrations de chemins de fer ou tous autres transporteurs et les expéditeurs ou les destinataires relatives à l'indemnité afférente à la perte, à l'avarie, au détournement d'un colis postal du service continental intérieur, ainsi qu'aux retards apportés à la livraison. Ces indemnités ne pourront excéder les tarifs prévus aux conventions intervenues entre les compagnies ou autres transporteurs concessionnaires et l'Etat.

Seront considérés, à ce point de vue, comme appartenant au service continental intérieur, les colis postaux échangés entre la France continentale, la Corse, la Tunisie et l'Algérie.

Dans le cas du paragraphe 5, la demande pourra être portée soit devant le juge de paix du domicile de l'expéditeur, soit devant le juge de paix du domicile du destinataire, au choix de la partie la plus diligente.

Art. 7. — Les juges de paix connaissent, à charge d'appel :

1° Des demandes en pension alimentaire n'excédant pas en totalité six cents francs (600 fr.) par an, fondées sur les articles 205, 206, 207 du code civil. S'il y a plusieurs défendeurs à la demande en pension alimentaire, ils pourront être cités devant le tribunal de paix du domicile de l'un d'eux au choix du demandeur ;

2º Des entreprises commises dans l'année sur les cours d'eau servant à l'irrigation des propriétés et au mouvement des usines et moulins, sans préjudice des attributions de l'autorité administrative dans les cas déterminés par les lois et règlements : dénonciations de nouvel œuvre, complaintes, actions en réintégrande et autres actions possessoires fondées sur des faits également commis dans l'année ;

3º Des actions en bornage et de celles relatives à la distance prescrite par la loi, les règlements particuliers et l'usage des lieux, pour les plantations d'arbres ou de haies, lorsque la propriété ou les titres qui l'établissent ne sont pas contestés ;

4º Des actions relatives aux constructions et travaux énoncés dans l'article 674 du code civil lorsque la propriété ou la mitoyenneté du mur ne sont pas contestées ;

5º Des demandes en payement des droits de place perçus par les communes ou leurs concessionnaires, lorsqu'il n'y a pas contestation sur l'interprétation de l'article ou des articles servant de base à la poursuite. L'affaire sera jugée devant le juge de paix du lieu où la perception est due ou réclamée.

Art. 8. — Lorsque plusieurs demandes formulées par la même partie contre le même défendeur seront réunies dans une même instance, le juge de paix ne prononcera qu'en premier ressort, si leur valeur totale s'élève au-dessus de trois cents francs (300 fr.), lors même que quelqu'une de ces demandes serait inférieure à cette somme.

Il sera incompétent sur le tout, si ces demandes excèdent, par leur réunion, les limites de sa juridiction.

Art. 9. — La demande formée par plusieurs de-

mandeurs ou contre plusieurs défendeurs collecti-
vement et en vertu d'un titre commun sera jugée
en dernier ressort, si la part afférente à chacun des
demandeurs ou à chacun des défendeurs dans la
demande n'est pas supérieure à trois cents francs
(300 fr.) ; elle sera jugée pour le tout en premier
ressort, si la part d'un seul des intéressés excède
cette somme ; enfin, le juge de paix sera incompétent sur le tout, si cette part excède les limites
de sa juridiction.

Le présent article n'est pas applicable au cas de
solidarité, soit entre les demandeurs, soit entre les
défendeurs.

Art. 10. — Les juges de paix connaissent de
toutes les demandes reconventionnelles ou en
compensation qui, par leur nature ou leur valeur,
sont dans les limites de leur compétence, alors
même que ces demandes réunies à la demande
principale excéderaient les limites de leur juridiction.

Ils connaissent, en outre, comme de la demande
principale elle-même, des demandes reconventionnelles en dommages-intérêts fondées exclusivement sur la demande principale, à quelque somme
qu'elles puissent monter.

Art. 11. — Lorsque chacune des demandes prin-
cipales reconventionnelles ou en compensation
sera dans les limites de la compétence du juge de
paix en dernier ressort, il prononcera sans qu'il y
ait lieu à appel.

Si une de ces demandes n'est susceptible d'être
jugée qu'à charge d'appel, le juge de paix ne prononcera sur toutes qu'en premier ressort.

Néanmoins, il statuera en dernier ressort si
seule la demande reconventionnelle en dommages-

intérêts, fondée exclusivement sur la demande principale, dépasse sa compétence en premier ressort.

Si la demande reconventiônnelle ou en compensation excède les limites de sa compétence, il pourra soit retenir le jugement de la demande principale, soit renvoyer sur le tout les parties à se pourvoir devant le tribunal de première instance, sans préliminaire de conciliation.

Art. 12. — Les juges de paix connaissent des actions en validité et en nullité d'offres réelles, autres que celles concernant les administrations de l'enregistrement ou des contributions indirectes, lorsque l'objet du litige n'excède pas les limites de leur compétence.

Art. 13. — Les juges de paix connaissent des demandes en validité, nullité et mainlevée de saisies sur débiteurs forains pratiquées pour des causes rentrant dans les limites de leur compétence.

En cette matière, comme en matière de saisie-gagerie et de saisie-revendication, si les saisies ne peuvent avoir lieu qu'en vertu de la permission du juge dans les cas prévus par les articles 2102 du Code civil, 819 et 822 du Code de procédure civile, cette permission sera accordée par le juge de paix du lieu où la saisie devra être faite, toutes les fois que les causes de la saisie rentreront dans sa compétence.

S'il y a opposition pour des causes qui, réunies, excéderaient cette compétence, le jugement en sera déféré aux tribunaux de première instance.

Art. 14. — Les juges de paix connaissent des demandes en validité, en nullité et en mainlevée de saisies-arrêts et oppositions, — autres que celles concernant les administrations de l'enregistrement et des contributions indirectes — ainsi que des demandes en déclaration affirmative, lorsque les causes des saisies n'excèdent pas les limites de leur compétence, sans préjudice de l'application de la loi spéciale du 12 janvier 1895 sur la saisie-arrêt des salaires et des petits traitements.

En cette matière, la permission exigée à défaut de titre par l'article 558 du Code de procédure civile sera délivrée par le juge de paix du domicile du débiteur et même par celui du domicile du tiers saisi, sur requête signée de la partie ou de son mandataire.

Art. 15. — Les juges de paix seront seuls compétents pour procéder, à défaut d'entente amiable entre les créanciers opposants et le saisi, à la distribution par contribution des sommes saisies, lorsque les sommes à distribuer n'excéderont pas six cents francs (600 fr.) de principal. Cette distribution sera faite, après le dépôt de la somme à distribuer à la Caisse des Dépôts et Consignations, dans les formes prévues par les articles 11 à 18 de la loi du 12 janvier 1895 et par le décret du 8 février suivant.

Si les titres des créanciers produisants sont contestés et si les causes de la contestation excèdent les limites de leur compétence, les juges de paix surseoiront au règlement de la procédure de distribution jusqu'à ce que les tribunaux compétents se soient prononcés et leur jugement soit rendu définitif.

Art. 16. — Les juges de paix peuvent autoriser une femme mariée à ester en jugement devant leur tribunal, lorsqu'elle n'obtient pas cette autorisation de son mari entendu ou dûment appelé par voie de simple avertissement.

Ils peuvent aussi, dans les cas prévus à l'article 5 de la présente loi, autoriser les mineurs à ester en justice devant eux.

Dans tous les cas il sera fait mention dans le jugement de l'autorisation donnée.

Art. 17. — Les juges de paix connaissent des actions en payement des frais faits ou exposés devant leur juridiction.

TITRE II

DE L'ORGANISATION DES JUSTICES DE PAIX

Art. 18. — Il y a, dans chaque canton, y compris ceux du département de la Seine, un juge de paix et deux suppléants, sauf l'application des dispositions de l'article 41 de la loi du 26 février 1901 pour les communes divisées en plusieurs cantons.

A Paris, il est créé deux places de juges de paix dont les titulaires seront seuls, avec des suppléants, chargés d'assurer le service du tribunal de police.

Il pourra également, à Paris, être créé, par décret en Conseil d'Etat, un poste de suppléant nouveau par justice de paix.

Art. 19. — A partir de la promulgation de la présente loi, pourront seuls être nommés juges de paix :

1º Les anciens juges de paix, les licenciés en droit justifiant ou d'un stage de deux années au moins, soit près d'un barreau, soit dans une étude de notaire ou d'avoué, ou de l'exercice, pendant deux ans, de fonctions publiques ;

2º Ceux qui auront obtenu le diplôme de bachelier en droit ou le brevet de capacité organisé par le décret du 14 février 1905 et qui justifieront en outre d'un stage de trois années au moins dans une étude de notaire ou d'avoué ou de l'exercice, pendant trois ans, de fonctions publiques ;

3° Ceux qui, à défaut de licence en droit, auront obtenu le certificat de capacité prévu par l'article 12 de la loi du 22 ventôse an XII relative aux écoles de droit et qui en outre auront été :

Pendant cinq ans :

Notaires, avoués, greffiers près les Cours d'appel ou les tribunaux civils, de commerce ou de paix, receveurs ou fonctionnaires d'un ordre au moins égal dans l'administration de l'enregistrement ;

Pendant dix ans :

Conseillers prud'hommes pouvant justifier de trois années de fonctions comme présidents ou vice-présidents ;

4° Ceux qui, à défaut de licence ou de baccalauréat en droit ou de certificat de capacité, auront exercé pendant dix ans les fonctions de maires ou adjoints, ou conseillers généraux, à la condition d'être nommés en dehors du canton où ils exercent ou auront exercé ou sollicité depuis moins de deux ans, des fonctions électives ;

Membres des tribunaux de commerce, suppléants de justices de paix, conseillers de préfecture ;

Notaires, greffiers près les Cours d'appel ou les tribunaux civils, de commerce ou de paix, receveurs ou fonctionnaires d'un ordre au moins égal dans l'administration de l'enregistrement ;

Ceux qui auront été également, pendant dix ans, huissiers, commis greffiers près les Cours d'appel ou tribunaux civils ; clercs d'avoué ou de notaire pouvant justifier de cinq ans d'exercice comme premiers clercs dans une étude d'avoué ou de notaire de chef-lieu d'arrondissement ;

Les magistrats, officiers ministériels ou fonctionnaires mentionnés dans les paragraphes 3° et 4° ci-dessus qui auront exercé plusieurs de ces fonctions pourront en ajouter la durée pour remplir les conditions exigées par ces paragraphes.

Art. 20. — Les juges de paix et leurs suppléants ne pourront être nommés avant l'âge de vingt-sept ans accomplis.

Art. 21. — Les juges de paix ne pourront être révoqués ni diminués de classe que sur l'avis d'une commission nommée par le garde des sceaux et composée du procureur général à la Cour de cassation, de trois conseillers à la Cour de cassation et des trois directeurs au ministère de la justice, et après avoir été entendus s'ils le demandent.

Art. 22. — L'article 64 de la loi du 20 avril 1810 est modifié ainsi qu'il suit :

« Pourront être nommés juges ou juges suppléants dans les tribunaux de première instance, même s'ils n'ont pas suivi le barreau pendant deux ans, les juges de paix pourvus du diplôme de licencié en droit qui auront exercé leurs fonctions pendant deux ans. »

Art. 23. — Les anciens juges de paix pourront être nommés juges de paix honoraires, après vingt ans d'exercice comme suppléants ou comme titulaires, ou si des infirmités graves ou permanentes leur donnent des droits à une pension de retraite.

Les greffiers des tribunaux de paix et de police pourront être nommés greffiers honoraires après vingt années d'exercice.

Art. 24. — A Paris, le traitement des juges de paix est maintenu à huit mille francs (8,000 fr.) ; ils recevront en outre quinze cents francs (1,500 fr.) par an, à titre d'indemnité pour un secrétaire.

Les juges de paix en résidence dans les autres cantons recevront :

1º Dans les villes dont la population atteint 80,000 habitants, à Versailles et dans les cantons du département de la Seine, cinq mille francs (5,000 fr.) ;

2º Dans les villes dont la population atteint 20,000 habitants et à Chambéry, trois mille cinq cents francs (3,500 fr.) ;

3º Dans les chefs-lieux judiciaires ou administratifs dont la population est inférieure à 20,000 habitants, ainsi que dans les cantons dont la population totale dépasse 20,000 habitants, trois mille francs (3,000 fr.) ;

4º Dans les autres cantons, deux mille cinq cents francs (2,500 fr.).

Art. 25. — Après sept années passées dans la même classe, les juges de paix compris dans les deux dernières catégories pourront, par décret, être élevés sur place au traitement supérieur.

Art. 26. — Les avocats régulièrement inscrits à un barreau sont dispensés de présenter une procuration devant les juges de paix.

Les avoués près le tribunal de première instance sont dispensés de présenter une procuration devant les justices de paix du ressort du tribunal où ils exercent leurs fonctions.

Art. 27. — Sont abrogés les articles 1 à 10 de la loi du 25 mai 1838, l'article 5 de l'ordonnance de police du 6 novembre 1778, le paragraphe 2 de l'article 14 de l'ordonnance du 8 novembre 1780 et l'article 7 de l'ordonnance du 21 mai 1784, ainsi que toutes les dispositions contraires à celles de la présente loi.

Art. 28. — Toutes créations de greffes ou d'offices de notaire nécessitées par la présente loi ne pourront avoir lieu qu'à la charge d'une indemnité incombant aux nouveaux titulaires.

L'indemnité sera fixée comme en matière de cession ou de suppression d'office.

La présente loi, délibérée et adoptée par le Sénat et par la Chambre des députés, sera exécutée comme loi de l'Etat.

Fait à Paris, le 12 juillet 1905.

ÉMILE LOUBET.

Par le Président de la République :

Le garde des sceaux, ministre de la justice,

J. CHAUMIÉ.

LOI

DU 13 JUILLET 1905

Concernant la procédure devant les justices de paix.

Le Sénat et la Chambre des députés ont adopté,
Le Président de la République promulgue la loi dont la teneur suit :

Article unique. — Les procédures commencées avant la promulgation de la loi sur la compétence des juges de paix et sur la réorganisation des justices de paix resteront soumises, pour la compétence et les degrés de juridiction, aux dispositions des lois antérieures.

Les juges de paix actuels des huit cantons de la banlieue de Paris conserveront leur compétence dans leur ancien ressort et continueront à tenir les audiences foraines jusqu'à l'installation des titulaires des nouvelles juridictions et de leur greffier.

Les instances introduites devant eux, conformément au paragraphe précédent, resteront de leur compétence. Ils les jugeront au siège de leur justice de paix.

La présente loi, délibérée et adoptée par le Sénat et par la Chambre des députés, sera exécutée comme loi de l'Etat.

Fait à Paris, le 13 juillet 1905.

ÉMILE LOUBET.

Par le Président de la République :

Le garde des sceaux, ministre de la justice,
J. CHAUMIÉ.

Publication des LOIS et DÉCRETS

LIBRAIRIE CHEVALIER ET RIVIÈRE
30, Rue Jacob, PARIS (VIe).

Niort. — Imp. Th. Martin.